Influencer werden

Wie man ein erfolgreicher Influencer wird und damit Geld verdient.

Ein Crashkurs, wie man ein berühmter Influencer wird.

Von Boris Jost

Haftungsausschluss

1. Auflage

Inhaltsverzeichnis

Vorwort 4
Was ist überhaupt ein Influencer? 6
Warum wollen Sie ein Influencer werden? 7
Die verschiedenen Arten von Influencern 13
Die Strategie 19
Finden Sie ihre Zielgruppe 21
Ihre Biografie 25
Betreiben Sie parallel einen Blog 26
Die Content Strategie 27
Seien Sie authentisch 28
Berühmte Influencer kontaktieren 30
Welches soziale Netzwerk passt zu Ihnen? 31
Instagram 33
Facebook 34
Twitter 36
Pinterest 38
YouTube 39
Wie Sie Hashtags richtig nutzen 42
Beiträge mit Mehrwert erstellen 44
Ihre Geschichte 45
Influencer-Marketingkampagne 46
Kommunikation 48
Veröffentlichen Sie regelmäßig neue Beiträge 51
Beiträge automatisch veröffentlichen 54
Monetarisierung- wie können Sie finanziellen Erfolg erzielen? 62
Nachwort 69
Impressum 70

Vorwort

Werde ein einflussreicher Mensch - ja, das klingt nach einer großartigen Lebensweise. Die Leute lieben dich und du bist zu großartigen Veranstaltungen eingeladen. Ihre Fotos werden tausende Male in sozialen Medien gemocht und geteilt! Du hast jede Menge Fans. Jeder möchte mit Ihnen arbeiten und Ihre Meinung ist sehr gefragt. Sie erhalten kostenlose Produkte, die Sie nur bewerben müssen, um Geld zu verdienen. Wenn Sie ein Unternehmen führen, kann Ihre Influencer-Aktivität die Aufmerksamkeit von Millionen von Kunden auf sich ziehen und zu einem Umsatzanstieg führen. Sie verdienen viel Geld mit extrem wohlhabenden Unternehmen und bereisen die ganze Welt.

Aber wenn es so einfach ist, ein Influencer zu sein, warum ist es dann nicht jedermanns Sache?

Ich werde nicht alles in diesem Buch schönreden, denn wenn Sie die Medallie nicht aus allen Blickwinkeln betrachten, nützt es Ihnen nichts: **Es erfordert Mühe, eine berühmte Internet-Berühmtheit zu werden.** Sie sind sehr effektiv, dann führen wir Sie zu Ihrem Ziel, aber nur, wenn Sie bereit sind, Zeit und Mühe zu investieren, bevor Sie Erfolg haben. Wenn Sie wirklich eine einflussreiche Person werden möchten, haben Sie nach dem Lesen dieses Buches einen perfekten Plan. In jeder Branche, an der Sie interessiert sind, können Sie Fuß fassen und sich einen Namen machen. In diesem Buch erkläre ich alle wichtigen Schritte, die Sie unternehmen müssen, um ein bekannter Influencer zu werden.

Sie müssen ihnen nur einzeln folgen und Ihren Weg mit Disziplin verfolgen, und Sie werden großen Erfolg sehen! Jetzt wünsche ich Ihnen viel Erfolg beim Aufbau einer einflussreichen Karriere und viel Spaß beim Lesen meines Buches.

Was ist überhaupt ein Influencer?

In den folgenden Kapiteln finden Sie alle relevanten Tipps für Ihre Karriere als Influencer. Dies bedeutet auch, dass Sie verstehen, was ein Influencer ist und was er tut. Menschen, die in einem bestimmten Marktsegment eine Fangemeinde aufgebaut haben, werden als Influencer bezeichnet. Solche Influencer sind diejenigen, die das Recht haben, andere und ihre Kaufentscheidungen auf der Grundlage ihrer Autorität, ihres Wissens und ihrer Beziehung zum Publikum zu beeinflussen.

Die Anzahl der Personen, die insbesondere einflussreichen Personen folgen, hängt von der Größe des Nischenmarktes ab. Es ist wichtig, sich daran zu erinnern, dass ein Influencer nicht nur ein Marketinginstrument ist, sondern auch eine soziale Person, die frei wählen kann, welche Marken und Produkte beworben werden sollen, um bestimmte Marketingziele zu erreichen. Nichts geht über Authentizität auf diesem Weg, denn nur jemandem, der diesen Weg ehrlich und aufrichtig geht, wird geglaubt. **Die Leute erkennen, wer die Wahrheit sagt und wer nur Produkte verkauft.**

Warum wollen Sie ein Influencer werden?

Nach dieser kurzen Einführung beginnen wir sofort mit den Schritten, die Sie zum Erfolg führen. Aber zuerst möchte ich Ihnen eine einfache Frage stellen: WARUM MÖCHTEST DU INFLUENCER WERDEN? ....

Hier ist ein kleines Geheimnis, das Sie vielleicht nicht begeistert: Influencer zu sein ist nicht so glamourös oder einfach, wie es sich anhört. Es ist eine Menge Arbeit und ein fortlaufender Prozess, den Influencer-Status nicht nur zu erreichen, sondern auch aufrechtzuerhalten. Auch finanziell braucht es einige Zeit, um profitabel zu sein - und selbst dann verdienen Influencer oft nicht so viel, wie die Öffentlichkeit denkt. Natürlich kann man als Influencer reich werden. In diesem Buch finden Sie viele Möglichkeiten, dies zu tun. Es ist wichtig, sich nicht von Anfang an Illusionen zu machen. Vor Ihnen liegt ein langer Weg zur finanziellen Freiheit!

Das heißt aber nicht, dass Sie diesen Weg überhaupt nicht gehen sollten. Es bedeutet nur, dass Sie realistisch sein müssen. Wenn Sie nur reich werden möchten, gibt es einfachere Möglichkeiten, Geld zu verdienen. Ein Unternehmen zu gründen oder in Schulungen zu investieren, zahlt sich viel mehr aus als der Versuch, ein Influencer zu werden.

Es gibt aber auch viele gute Gründe, warum Sie sich für eine Influencer-Karriere entscheiden sollten.

- Sie erhalten eine Stimme
- SIE KÖNNEN REICH WERDEN
- Sie arbeiten frei vor Ort
- Sie haben ein Publikum
- Sie erhalten eine riesige Plattform
- Sie sind Ihr eigener Chef, Sie können entscheiden, mit wem Sie arbeiten möchten.
- Sie können Geld verdienen, indem Sie das tun, was Sie mit Leidenschaft machen.
- Sie treffen viele interessante Leute
- Viele Leute finden, was Sie tun, großartig und schauen Sie an.

Für viele Menschen sind diese Fakten wichtiger als Geld.

Finden Sie also heraus, warum Sie Influencer werden möchten, und machen Sie sich bereit, diesen Weg zu gehen, egal wie viel Arbeit es kostet. Ohne eine echte Leidenschaft für die Sache und Begeisterung für das Leben des Influencers werden Sie diesen Weg nicht meistern.

3. Definieren Sie Ihre Spezialisierung und finden Sie Ihre Nische

Wenn Sie glauben, dass Sie über Nacht ein Influencer werden, habe ich schlechte Nachrichten für Sie. Die Influencer-Szene ist unglaublich überfüllt und es ist unwahrscheinlich, dass Sie ohne ein ausgewähltes Fachgebiet erfolgreich sind. Möchten Sie Informationen über alle und alles veröffentlichen? Sie können dies sicherlich tun, aber es ist unwahrscheinlich, dass Sie ein erfolgreicher Influencer sind! Deshalb brauchen Sie einen sogenannten Nischenmarkt.

Was genau ist eine Nische? Nischen sind Teil des Marktes. Zum Beispiel gibt es einen riesigen Markt für Schönheitsprodukte.

Der Markt ist in andere Unterregionen unterteilt, z. B. Cremes, Peelings, Körperpflegeprodukte, Haarpflegeprodukte usw. Diese einzelnen Unterbereiche können weiter unterteilt werden. Zum Beispiel können Gesichtscremes in vegane Gesichtscremes unterteilt werden, insbesondere in fetthaltige Gesichtscremes, Gesichtscremes für Aknepatienten, Anti-Falten-Gesichtscremes und Gesichtscremes für Kinder.

Suchen Sie sich eine Nische aus, für die Sie eine Leidenschaft haben. Vielleicht kannst du gut basteln? Oder lieben Sie Essen und haben ein großes Interesse an der Küche verschiedener Länder? Vielleicht sind Sie auch Modeexperte und kennen immer die neuesten Styles und Trends in der Stoffbeutelnische?

Jeder Mensch hat Themen, die ihn interessieren und über die er mehr sagen kann als andere! Diese Unterteilungen können noch weiter fortgesetzt werden. So finden Sie Ihre Nische. Es ist wichtig, dass diese Nische benötigt wird. Sie profitieren nicht von der Auswahl eines Themas, das niemanden interessiert. Dazu können Sie mithilfe verschiedener Tools herausfinden, wie viele Personen jeden Monat nach Ihrem neuen Thema suchen. Zu diesem Zweck gibt es beispielsweise das Google Keyword Tool. Das Thema Nischenjagd würde leicht ein weiteres ganzes E-Book füllen und dieses in die Luft jagen. Wenn Sie mehr über Nischenmarketing erfahren möchten, empfehle ich diese Website.

Kurz gesagt, die Nischensuche funktioniert wie folgt:

- Sie definieren Ihre Interessen
- Sie analysieren, wo Informationsbedarf besteht
- Sie verengen die Nische
- Sie finden die perfekte Zielgruppe
- Sie werden definitiv viel bessere Ergebnisse erzielen, wenn Sie eine Nische definieren.

Deshalb können Sie sich folgende Fragen stellen:

- Was können Sie besser machen als andere?
- Worüber können Sie einige Stunden sprechen?
- Wie können andere Sie um Hilfe bitten?
- Zu welchem Thema möchten Sie mehr wissen?

Nehmen Sie sich Zeit, um nicht nur Ihre Spezialisierung zu definieren, sondern auch aufzuschreiben, wer Sie nicht sind und was Sie nicht sein wollen!

Wenn Sie nach einer Nische suchen, ist es leicht, über ein Thema zu schreiben, das rentabel wäre. Nehmen wir zum Beispiel an, Sie haben viele Leute gesehen, die über Fitness schreiben und damit unzählige Anhänger gewinnen. Sollten Sie jetzt auch über Fitness schreiben? Die klare Antwort lautet Nein (es sei denn, Sie interessieren sich für Fitness und haben Spaß daran, darüber zu schreiben).

Sie können sich nicht lange mit einem Thema beschäftigen, das Sie überhaupt nicht interessiert und das Sie jeden Abend ein Buch lesen müssen, um Experte zu werden. Davon abgesehen erkennen die Leute natürlich, ob Sie ehrlich zu sich selbst sind oder nicht und ob ein Influencer für sein Thema wirklich in Flammen steht.

Ihre Beiträge, Videos und Bilder sollten das widerspiegeln, was Ihnen wirklich wichtig ist, und nicht nur zufällige Dinge. Überlegen Sie auch immer, ob Sie in einem Jahr noch genug Ideen haben, um weiter zu schreiben oder neue und interessante Dinge zu Ihrem Thema zu veröffentlichen. Später können Sie Ihre Nische jederzeit erweitern, wenn sie thematisch passt. Zum Beispiel könnte Ihre Nische eine Mischung aus verschiedenen Themen sein, solange diese nicht zufällig sind und Sie sie mit Bedacht kombinieren.

Sie könnten ein Influencer in den Nischen Essen, Reisen und Lifestyle werden und darüber berichten, wie Sie als digitaler Nomade um die Welt reisen und die verschiedenen Küchen probieren.

Die verschiedenen Arten von Influencern

Die meisten Influencer fallen in die folgenden Kategorien, die letzte Kategorie ist die wichtigste:

- **Berühmte Influencer**
- **Branchenexperten und Vordenker**
- **Blogger**
- **Mikro Influencer**

Heutzutage wird das meiste Marketing mit sozialem Einfluss in sozialen Medien betrieben, hauptsächlich über Mikro-Influencer und Blogs. Branchenexperten und Vordenker wie Journalisten können ebenfalls als einflussreiche Personen angesehen werden und eine wichtige Position einnehmen. Oder Prominente, dies sind die ersten Influencer gewesen, und obwohl ihre Bedeutung weiter abnimmt, spielen sie immer noch eine Rolle. Blogger und Social-Media-Influencer (hauptsächlich Microblogger) haben die authentischsten und aktivsten Beziehungen zu ihren Fans. Marken erkennen dies jetzt und fördern es.

Berühmte Influencer

Influencer Marketing wurde ursprünglich von Prominenten Menschen entwickelt. Unternehmen haben festgestellt, dass der Umsatz eines Produktes tendenziell steigt, wenn Prominente für sein Produkt wirbt. Es gibt immer noch viele Fälle, in denen Unternehmen, insbesondere High-End-Marken, Prominente als Influencer einsetzen. Bei den meisten Marken besteht das Problem jedoch darin, dass nicht jeder Promi ein Influencer sein will und ihre Marke unterstützen möchte - wenn ja, dann verlangen die Promis einen Unbezahlbaren Preis. Die Ausnahme ist, wenn das Unternehmen ein Produkt herstellt, das der Promi bereits mag und verwendet. Dann ist es viel wahrscheinlicher, dass ein Promi öffentlich erklärt, wie gut das Produkt ist. Ich bin mir zum Beispiel sicher, dass viele Hersteller von Musikinstrumenten davon profitieren, dass renommierte Musiker ihre Instrumente spielen.

Ein weiteres Problem bei Prominenten als Influencern besteht darin, dass wenn sie bei der Zielgruppe nicht glaubwürdig sind. Justin Bieber mag einen großen

Einfluss auf die Empfehlung von Akne-Cremes haben, aber wenn er für Immobilien für Rentner werben würde, wäre dies unecht und seine Fans würden sich von ihm irregeführt fühlen. Prominente können viele Fans und gigantische Anhänger haben. Es ist jedoch zweifelhaft, welchen direkten Einfluss sie auf diejenigen haben, die ihnen folgen.

Blogger

Das Bloggen ist seit einiger Zeit eng mit dem Influencer-Marketing verbunden. Es gibt viele einflussreiche Blogs im Internet. Wenn ein beliebter Blogger ein Produkt in einem Beitrag positiv erwähnt, ist es sehr wahrscheinlich, dass Blogger-Fans es auch ausprobieren möchten.

Viele Blogger in bestimmten Bereichen haben eine beträchtliche Anzahl von Followern gewonnen. Zum Beispiel gibt es sehr einflussreiche Blogs zu den Themen Persönlichkeitsentwicklung, Finanzen, Gesundheit, Elternschaft, Musik und vielen anderen Themen, einschließlich des Bloggens. **Der wichtigste gemeinsame Nenner erfolgreicher Blogs ist der Respekt der Leser.**

Wenn Ihr Blog groß genug ist und genügend Einfluss hat, möchte das Unternehmen gesponserte Beiträge auf Ihrer Website kaufen. Im Gegensatz zu zufälligen

Erwähnungen in einem Gastbeitrag, den Sie geschrieben haben (ein Beitrag in einem anderen Blog), werden Sie für gesponserte Beiträge bezahlt.

Natürlich sind Blogs nicht die einzigen beliebten Inhalte im Internet. Videos sind mittlerweile sehr beliebt, die meisten davon sind Kanäle auf YouTube. **Unternehmen wählen normalerweise beliebte YouTubers, um ihre Produkte zu vermarkten.**

Mikro Influencer

Natürlich verlassen sich Blogger und YouTuber selten auf bestehende Zielgruppen, die ihre Websites auf magische Weise betreten und neue Informationen finden! Stattdessen veröffentlichen sie ihre Beiträge zusammen mit dem Blog in den sozialen Medien Channel -das macht sie zu Mikro Influencern.

Aber was genau ist so ein Mikro-Influencer?

Ein Mikro-Influencer ist eine normale, alltägliche Person, die für ihre Fachkenntnisse in einem bestimmten Thema bekannt geworden ist. Als solches hat es in der Regel eine beträchtliche Anzahl von Followern in sozialen Medien erhalten. Natürlich beeinflusst nicht nur die Anzahl der Follower ihre Wirkung, sondern auch die Beziehungen und

Interaktionen, die ein Mikro-Influencer mit seinem Publikum hat. Ein Mikro-Influencer weiß möglicherweise nicht einmal, dass ein Unternehmen versucht, ihn von seiner Werbung zu überzeugen, bis er sich an sie wendet. Wenn dies der Fall ist, muss ein Unternehmen als erstes einen Influencer von seinem Wert überzeugen. Mikro-Influencer haben spezielle Fans, die sich für das Thema interessieren, über das sie schreiben - und sie schaden ihrer Beziehung zu ihren Followern nicht, indem sie für ein Produkt werben, das nicht zu ihnen passt.

Die ungeschriebene Regel, dass jede Beziehung zwischen Mikro-Influencern und Marken auf Zielgruppen basieren muss, bedeutet, dass sie oft wählerisch sind, mit wem sie arbeiten sollen. Einige bewerben die Marke gerne kostenlos. Andere erwarten Zahlung. Unabhängig vom Preis ist es sehr unwahrscheinlich, dass ein Mikro-Influencer mit der "falschen" Marke in Verbindung gebracht werden möchte. Mikro-Influencer werden immer beliebter und bekannter. Einige sind von der virtuellen Dunkelheit zu berühmten Prominenten übergegangen. Dies gilt insbesondere für Gen Z, die mehr Zeit online verbringen als fernsehen, Sport treiben oder ins Kino gehen. Sie sind Influencer der Zukunft. Selbst wenn Sie Interesse an etwas relativ Unbekanntem haben, werden

Sie wahrscheinlich eine Facebook-Gruppe oder ein Pinterest-Forum finden, das Ihrem Thema gewidmet ist. Und in diesen Nischen werden Mikro-Influencer zu echten Experten.

Die Strategie

Sie können von Anfang an eine Strategie entwickeln, wie Sie als Influencer agieren möchten und in welchen sozialen Netzwerken Sie posten möchten. Jedes soziale Netzwerk ist anders. Facebook ist zum Beispiel Hauptsächlich da, um Kontakte zu knüpfen und Ideen mit anderen Personen in Gruppen auszutauschen, während Instagram für Personen geeignet ist, die fast ausschließlich Fotomaterial veröffentlichen möchten. YouTube ist der richtige Kanal, wenn dies beispielsweise der Fall ist z. B. Sie haben eine "Welpen" -Nische und möchten Welpenvideos veröffentlichen. Wenn Sie mehr finanzielle Nischen oder ernsthafte Geschäfte haben, sind Xing oder LinkedIn besser für Sie geeignet. Natürlich ist auch eine Kombination verschiedener sozialer Netzwerke möglich. Nach der Auswahl eines Netzwerks ist es Zeit, einen so genannten redaktionellen Plan zu erstellen. Eine Excel-Tabelle ist völlig ausreichend. Geben Sie hier Folgendes ein:

• Die Häufigkeit, mit der Sie posten (Aufmerksamkeit: der perfekte Beitrag: Die Häufigkeit ist in jedem Netzwerk unterschiedlich. Während Sie beispielsweise

20 Mal am Tag auf Twitter posten können, weil Ihr Tweet ohnehin zu schnell abfällt, sollten Sie nicht auf Instagram oder Facebook Übertreiben, um die Leute nicht zu ärgern: 3 Posts pro Tag sind zum Beispiel ideal auf Instagram

- Um wie viel Uhr veröffentlichen Sie?

- Was ist der Inhalt Ihrer Publikation?

- Welche Hashtags möchten Sie hauptsächlich verwenden?

- Welche Zielgruppe möchten Sie ansprechen?

Finden Sie ihre Zielgruppe

Je besser Sie Ihre Zielgruppe kennen und darauf reagieren können, desto größer wird Ihr Erfolg. Als Influencer ist es wichtig, Ihre Zielgruppe genau zu kennen und auf deren Wünsche und Fragen zu antworten.

Laut aktueller Marktforschung interessieren sich Menschen aus 8 Gründen für ein Produkt, ein Thema oder eine Dienstleistung:

1. Ruf, Prestige

2. Ängste und Probleme, die mit dem Kauf gelöst werden müssen

3. Gesundheit

4. Sicherheit

5. Bequemlichkeit und Komfort

6. Anreicherung

7. Neugier und Entdeckung

8. Soziales Engagement

Finden Sie also heraus, wo Sie Ihre Hebelwirkung geschickt einsetzen können. Schreiben Sie Ihre Inhalte so, als würden Sie mit Ihrer Zielgruppe sprechen.

UND NUR mit ihr. Ihre Zielgruppe hat die Schlüsselelemente der festgelegten Strategie wie Stil, Ton und Begrüßung identifiziert. Tun Sie also alles, um mehr über Ihren Leser zu erfahren.

Hier ein paar Beispiele:

- Ungefähres Alter
- Wahrscheinliches Geschlecht
- Woher kommen die Leute?
- Hobbys
- Lesevorlieben
- Mag er Zeitschriften und Blogs?
- Schreibt er gerne?
- Wo ist er im Internet? Dies können beispielsweise soziale Netzwerke oder Foren sein.

Je mehr Sie lernen, desto besser! Erstellen Sie den gewünschten Beobachter, indem Sie ihn sich so detailliert wie möglich vorstellen. Besuchen Sie die Foren und Gruppen in sozialen Netzwerken, in denen sich Ihr Follower befindet, und lesen Sie, welche Fragen er hat, welche Probleme er hat (die Sie am besten lösen können) und was ihn interessiert. Je genauer Sie den gewünschten Kunden beschreiben, desto einfacher können Sie ein Influencer-Projekt starten.

Wo finden Sie Ihren Traumkunden?

Sie möchten Einfluss auf das Thema Schlaflosigkeit nehmen und dann homöopathische Schlaftabletten auf Ihrer eigenen Website verkaufen. Sie möchten auch ein Buch zu diesem Thema schreiben und es auf Ihrer Homepage verkaufen. In diesem Fall können Sie beispielsweise ein Forum zu diesem Thema aufrufen. Natürlich gibt es auch Gruppen auf Facebook oder Videos auf YouTube, in denen Sie auch die Kommentare durchsuchen können.

Es gibt unzählige Möglichkeiten, um den Kunden Ihrer Träume zu finden. Hier habe ich die drei besten und effektivsten Möglichkeiten für Sie zusammengefasst:

Soziale Netzwerke. Es macht jedoch keinen Sinn, Ihre Inhalte dort zufällig zu verteilen. Nehmen wir als Beispiel Facebook: Wenn Sie eine Seite öffnen, auf der Sie Ihre Inhalte veröffentlichen, bedeutet dies nicht, dass Besucher in Scharen kommen. Es ist viel effektiver, Gruppen beizutreten, die sich mit Ihrem Thema befassen. Von nun an werden Sie sehen, welche Fragen und Probleme die Menschen dort haben, die Sie als Experte mit Ihren Inhalten lösen könnten. Jetzt können Sie spezifische Lösungen anbieten.

Denken Sie nicht an Ihre eigene Werbung. Seien Sie hilfsbereit, freundlich und bieten Sie kostenlose Inhalte an, nicht nur Ihre Produkte. Spammen Sie keine Personen mit Links, da dies Sie nicht populär macht.

Foren. Natürlich diejenigen, die sich mit Ihrem Thema befassen. Schreiben Sie Artikel, helfen Sie anderen Benutzern und erfahren Sie mehr über die Wünsche und Probleme Ihrer potenziellen Leser.

Blogs. Folgen Sie relevanten Blogs. Kommentieren Sie sie und setzen Sie sich auf diese Weise mit dem Autor und seinen Lesern in Verbindung. Im Ernst, haben Sie keine Angst, persönlich an einen Blogger zu schreiben. Die meisten von ihnen sind sehr hilfsbereit und teilen gerne ihr Wissen. Verständlicherweise möchten die Menschen sicher sein, dass die Person, der sie vertrauen, es wirklich verdient. Was Sie erstellen und im Web veröffentlichen, zeigt den Menschen, welche Art von Person Sie sind und wie Ihr Unternehmen funktioniert. Sie können anhand Ihrer Inhalte erkennen, ob Sie wissen, wovon Sie sprechen. Je offener du bist, desto besser.

Ihre Biografie

Jetzt fangen Sie an, Ihre sozialen Konten und möglicherweise Ihr Blog zu optimieren. Das erste, worauf Sie sich konzentrieren sollten, ist die Erstellung einer Biografie, die sofort die Aufmerksamkeit der Menschen auf sich zieht. Sie haben nur wenige Zeichen - und diese wenigen Wörter sollten Ihr Publikum verzaubern! Sei so warm und überzeugend wie du kannst. Ein oder zwei Emotionen schaden auch Ihrer Biografie nicht. Denken Sie daran, dass Ihre Biografie eines der ersten Dinge ist, die eine Marke oder ein potenzieller Follower über Sie sieht. Wenn Sie also Influencer werden möchten, stellen Sie sicher, dass Ihre Biografie aussagekräftig, interessant und knackig ist! Schauen Sie sich einfach die Biografien berühmter Influencer an, Sie werden dort Inspiration finden

Zum Beispiel hat die Influencerin und Reisebloggerin Helene Sula eine attraktive und überzeugende Instagram-Biografie. Sie platzierte geschickt einen "Reiseblogger" in das Namensfeld und ließ ihr Profil in Anfragen für Reiseinteressierte erscheinen. In ihrer Biografie erzählt sie, wie sie nach Deutschland gezogen ist, um Europa zu entdecken und alles hinter sich zu lassen. Bis auf ihren Hund und ihren Ehemann. Ist das nicht ungewöhnlich?

Betreiben Sie parallel einen Blog

Ich würde auch als Mikro-Influencer immer empfehlen, neben Ihren Netzwerken ein Blog einzurichten. Hauptsächlich, weil jedes soziale Netzwerk die Regeln so herunterfahren oder ändern kann, dass es für Sie nicht mehr rentabel ist. Wenn Sie jetzt vollständig von diesem Netzwerk abhängig sind, endet im schlimmsten Fall Ihre gesamte Karriere!

Aber wenn Sie gleichzeitig einen eigenen Blog haben, kann Ihnen das nicht passieren! Es ist ein zentraler Punkt und ein guter Schutz für Ihre zukünftige Influencer-Karriere. Wordpress ist ein sehr guter Blogging-Anbieter. Die Bedienung ist sehr einfach zu verstehen und Sie haben das System schnell verstanden. Außerdem liebt Google Wordpress, das gut für Ihre SEO (Suchmaschinenoptimierung) ist. Egal in welchem sozialen Netzwerk Sie sich befinden: Es gibt viele Plugins, mit denen Sie Ihre Feeds mit Ihrem Blog verknüpfen können. Andere Projekte, wie z. B. ein Geschäft oder ein Portfolio, können mit Wordpress ebenfalls sehr einfach implementiert werden.

Die Content Strategie

Ohne gute Inhalte werden Sie im Bereich der Influencer niemals erfolgreich sein. Inhalt bedeutet nicht nur die Erstellung von schriftlichen Inhalten, sondern auch die Erstellung von Videos, Bildern oder anderen Medieninhalten. Es ist wichtig, immer Originalinhalte zu veröffentlichen. Das Kopieren oder Duplizieren von Inhalten wird nicht empfohlen. Google mag es auch nicht.

Überlegen Sie, welche Art von Inhalten für Sie vorherrschen wird. Das hängt natürlich auch von dem sozialen Netzwerk ab, in dem Sie sich befinden. Wenn Sie beispielsweise ein Instagram-Influencer sind, wird nicht empfohlen, lange Texte zu schreiben. Die Regel hier ist: kurz und süß. Auf Facebook hingegen können Sie gelegentlich einen längeren Text posten.

Stellen Sie insbesondere bei langen Texten sicher, dass sie Bilder, Infografiken, Diashows und Videos enthalten. Dies entspannt den Text und hält die Leser beschäftigt. Vergessen Sie nicht, die Quellen für Daten, Zitate und indirekte Erwähnungen anzugeben, die Sie in Ihrem Beitrag verwenden.

Dies umfasst Recherchen, White Papers, Analysen und Ratschläge von Experten in Ihrer Nische.

Wir werden später in dieser Reihe mehr darüber sprechen, wie Sie qualitativ hochwertige Inhalte erstellen können.

Seien Sie authentisch

Grundsätzlich gibt es Influencer schon lange, sie wurden einfach noch nicht so genannt: Selbst im Mittelalter sahen Frauen gut gekleidete, elegante Damen an und kopierten ihre Mode. In jeder menschlichen Ära war es genau das Gleiche: Einflussreiche Persönlichkeiten standen auf dem Präsentationsteller und waren sich ihrer Wirkung bewusst. Der einzige Unterschied ist die Plattform. Heutzutage dominieren soziale Medien den Markt immer mehr - und sie haben die Regeln geändert. Erfolg oder Misserfolg waren schon immer eines: die Authentizität einer einflussreichen Persönlichkeit. Sie können nur erfolgreich sein, wenn Sie wirklich mit Menschen interagieren und Ihre Aussagen und Handlungen zu 100% vertrauenswürdig sind.

Sei einfach ehrlich!

Viele Influencer nähern sich manchmal den Grenzen der Wahrheit. Einige Leute werden Ihnen privat sagen, dass das komfortable und makellose Leben, das sie in den sozialen Medien präsentieren, weit von der Realität entfernt ist. Aber wenn es darum geht ein angesehener Influencer zu werden und mit einer Marke zu arbeiten, ist Ehrlichkeit in der Tat die beste Entscheidung.

Nehmen wir als Beispiel eine gesponserte Reise. Wenn Ihnen ein Reiseunternehmen eine kostenlose Reise angeboten hat, um für sich selbst zu werben, und Sie Ihr Publikum über Ihre geplante Reise informieren, handelt es sich um gesponserte Inhalte. Tun Sie nicht so, als hätten Sie das 5-Sterne-Resort auf magische Weise betreten, wenn Sie sich gestern beschwert haben, dass Sie sich Ihren täglichen Kaffee kaum leisten können. Ihre Anhänger wissen, dass dies nicht der Fall ist. Setzen Sie Lesezeichen für Inhalte, die ehrlich und nicht gesponsert sind, und machen Sie Ihrem Publikum klar, dass Sie von Natur aus glücklich sind, gerade weil Sie derzeit knapp sind! Sie können auch das Hashtag #sponsored verwenden. Das wäre authentisch und ehrlich!

Es ist auch gut, dass Sie lernen, nein zu sagen. Wenn ein Produkt nicht zu Ihnen passt oder Sie nicht mit jemandem zusammenarbeiten möchten, ist es am ehrlichsten, einfach Nein zu sagen.

Berühmte Influencer kontaktieren

Nachdem Sie nun eine allgemeine Vorstellung davon haben, in welcher Nische Sie als Influencer beginnen möchten und auf welcher Plattform Sie veröffentlichen, ist es wichtig zu sehen, wer sich bereits in dieser Nische befindet - Ihre Konkurrenz! Beginnen Sie mit der Suche nach Influencern in Ihrem ausgewählten Netzwerk, erweitern Sie jedoch bei Bedarf Ihre Suche. Finden Sie mindestens 10 Personen, die bereits Experten auf Ihrem Gebiet sind.

Anschließend analysieren Sie, was Ihr Wettbewerb veröffentlicht, was er tut und welche Hashtags er verwendet. Worauf reagieren die Fans am meisten? Welches war das erfolgreichste?

Sie tun dies nicht, um Inhalte zu stehlen und zu kopieren, sondern um sich inspirieren zu lassen! Zum Beispiel hat vielleicht ein Influencer in Ihrer Nische vorgestern einen großartigen Instagram-Post gepostet, und Sie können das gleiche Thema aus einem ganz anderen Blickwinkel beleuchten?

Welches soziale Netzwerk passt zu Ihnen?

Social Media-Nr. 1 Kontaktstelle

In den letzten zehn Jahren hat die Bedeutung von Social Media stark zugenommen. Laut den Untersuchungen von We Are Social und Hootsuite nutzen 3,028 Milliarden Menschen aktiv soziale Medien, was 40% der Weltbevölkerung entspricht. Diese Leute suchen Social Media Influencer und begleiten sie vorwärts. Social-Media-Influencer nutzen ihr Wissen und ihre Expertise zu bestimmten Themen, um sich zu benennen. Sie veröffentlichen das Thema regelmäßig auf ihren bevorzugten Social-Media-Kanälen und ziehen eine große Anzahl von Menschen an, die begeistert sind, ihre Beiträge verfolgen, teilen und kommentieren. Marken und Unternehmen mögen Social-Media-Influencer, weil sie Trends schaffen und ihre Follower ermutigen können, die von ihnen beworbenen Produkte zu kaufen. Es gibt verschiedene Plattformen wie YouTube, Instagram, Facebook, LinkedIn, Blogs, Podcasts, Xing, Twitter und viele kleinere und weniger bekannte Netzwerke. Der Punkt ist, dass Sie nicht alle gleichzeitig beeinflussen können. Wenn Sie nicht reich sind und jemanden einstellen können, der alle Ihre Netzwerke gleichzeitig verwaltet, müssen Sie einen oder zwei Kanäle auswählen, auf die Sie sich konzentrieren möchten. Beginnen Sie mit den folgenden Fragen:

• Sind Sie gut vor der Kamera? In diesem Fall ist YouTube möglicherweise eine gute Option.

• Schreibst du gerne? Das Bloggen (auf Ihrer eigenen Website oder auf einer Plattform wie Medium) könnte eine gute Option sein.

• Welche Art von Inhalten möchten Sie erstellen? Wenn Sie großartige Fotos machen können und wollen, schauen Sie sich Instagram, Snapchat oder Facebook an.

• Wenn Sie eine Stimme für Radio haben, können Sie ein großartiger Podcaster werden.

• Wo ist Ihre Zielgruppe? Wenn Ihr Publikum Snapchat nicht wirklich nutzt, lohnt es sich auch nicht, dort eine Influencer-Karriere zu beginnen!

• Können Sie den Kanal dominieren oder ist er bereits mit Influencern übersättigt?

Da die Frage, durch welches Netzwerk Sie zum Influencer werden, so wichtig ist, werde ich jetzt kurz auf jedes der großen Netzwerke eingehen.

Instagram

Möchten Sie versuchen, ein Influencer auf Instagram zu werden? In diesem Fall sollte jedes Foto nicht nur optisch ansprechend sein, sondern auch das grafische Gesamtkonzept der Zeitachse widerspiegeln. Dies bedeutet, dass alle Ihre Fotos im Feed gut zusammenarbeiten. Viele Instagram-Influencer folgen beim Bearbeiten ihrer Fotos einem bestimmten Stil, sodass sich eine bestimmte Farbe immer wiederholt oder die Fotos immer einen ähnlichen Rahmen haben.

Die erfolgreichsten und einflussreichsten Leute nutzten Instagram als Hobby. Sie teilen Fotos und Videos Ihres Lebens und Ihrer Aktivitäten, die sie leidenschaftlich lieben. Es ist unwahrscheinlich, dass sie von Anfang an über den Kontakt mit Marken nachgedacht haben. Du bist auf Instagram, nur um Spaß zu haben und dich mit anderen zu verbinden. Im Laufe der Zeit entdecken sie, dass Menschen ihre Beiträge schätzen und teilen. Sie fühlen sich ermutigt, mehr zu teilen.

Instagram kann viel Zeit in Anspruch nehmen. Sie können viel Zeit damit verbringen, Bilder zu perfektionieren und zu veröffentlichen, Titel zu erstellen und Geschichten zu erzählen.

Sie können auf Instagram so viele # -Tags wie möglich

verwenden. Wir werden Hashtags vorstellen und herausfinden, wie Sie den idealen Hashtag für Sie finden.

Facebook

Wenn es um Social Media Influencer Marketing geht, sind Facebook und Instagram die beste Wahl.

Warum ist Facebook so eine gute Wahl? Facebook ist aus vielen Gründen eine hervorragende Plattform für Influencer. Hier sind einige der besten Methoden:

Popularität

Laut dem Pew Research Center ist Facebook nach wie vor der beliebteste Social-Media-Kanal. Statista berichtet, dass die Plattform monatlich 1,94 Milliarden aktive Benutzer hat. Dies macht es zum am weitesten verbreiteten Social-Media-Kanal und bietet eine großartige Gelegenheit, die Zielgruppe hier zu finden. Bei so vielen Nutzern bietet Facebook Ihnen die Möglichkeit, ein großes Publikum zu erreichen.

Engagement

Facebook ist nicht nur beliebt, sondern zieht auch ein engagiertes Publikum an. Laut einer anderen Studie von Statista melden sich unter den fast 2 Milliarden Nutzern täglich mindestens 1,25 Milliarden auf der Plattform an. Eine Studie von MediaKix ergab, dass jeder Nutzer etwa 35 Minuten pro Tag auf der Plattform verbringt, was fünf Minuten weniger ist als bei YouTube.

Influencer Präferenz

Laut einer Studie von Bloglovin ist Facebook nach Instagram die zweitbeliebteste Plattform unter Influencern.

Analystics

Facebook bietet Marken ein integriertes Analysetool namens "Facebook Insights". Facebook Insights ist ein sehr mächtiges Tool. Als Facebook-Influencer ist dies sehr nützlich für Sie, da es Ihnen helfen kann, Ihre Zielgruppe besser zu verstehen:

- Sie können die Reichweite und Benutzerstatistiken überprüfen

- Sie können Kommentare, Likes und Reaktionen bewerten und sehen, wie oft Ihr Beitrag geteilt wurde - und von wem.

Darüber hinaus ist Facebook neben Google+ das einzige Netzwerk, in dem Sie alle Arten von Inhalten frei teilen können: Videos, Fotos, Langtexte und Podcasts.

Twitter

Ein Twitter-Influencer ist eine Person, die andere Twitter-Benutzer dazu ermutigt, über eine bestimmte Person, einen bestimmten Ort oder eine bestimmte Sache zu sprechen. Noch bevor die Nachrichten im Fernsehen erscheinen, können Sie sie auf Twitter finden. Nachrichten werden auf Twitter gesammelt und erneut übertragen, wodurch sie häufig viral werden. Twitter-Influencer haben einen enormen Einfluss und die Themen, über die sie twittern, werden wahrscheinlich häufig geteilt. Darauf aufbauend können sich echte Trends entwickeln. Sie müssen jedoch auf Twitter präzise sein: Derzeit sind nur 280 Zeichen zulässig.

Wenn ein Influencer auf Twitter eine bestimmte Marke, einen bestimmten Trend oder einen bestimmten Gegenstand von Interesse erwähnt, twittern ihn seine Follower immer wieder. Einige einflussreiche Twitter-Nutzer sind Branchenexperten, die für ihr Fachwissen bekannt sind.

Sie präsentieren der Öffentlichkeit komplexe Inhalte in leicht verständlicher Form und twittern über neue Entwicklungen in der Branche.

Startups haben oft Schwierigkeiten, in sozialen Medien **wahrgenommen zu werden**, und Twitter-Influencer können sie auf einmal bekannter machen. Wählen Sie auf Twitter Hashtags aus, die branchenspezifisch und einfach zu verknüpfen sind. Hashtags informieren Ihre Tweets über Benutzer, die noch nicht Ihre Follower sind.

Einige Tools und Websites, wie z. B. **Hashtagify,** können Ihnen bei der Entscheidung helfen, welche Hashtags in einem bestimmten Tweet verwendet werden sollen. Stellen Sie jedoch sicher, dass Sie nicht zu viele Hashtags (3 oder weniger) verwenden, da es unwahrscheinlich ist, dass ein Beitrag mit zu vielen Hashtags gelesen wird.

Wenn Sie außerdem ein unverwechselbares Twitter-Profil mit einem interessanten Slogan und einem interessanten Profilbild haben, werden Sie sich selbst unverwechselbar machen.

Pinterest

Es gibt drei einfache Möglichkeiten, wie Sie ein erfolgreicher Influencer (auch bekannt als "Pinfluencer" auf Pinterest) werden und Ihre Pinterest-Fangemeinde aufbauen können. Ich schlage vor, Sie versuchen, diese drei Strategien in Ihr Pinterest-Marketing zu integrieren:

Folge den "Pinfluencern" in deiner Nische

Wenn Sie jemandem auf Pinterest folgen, wird er benachrichtigt. Die meisten Leute werden es öffnen, sehen, um was es geht, und dann entscheiden, ob sie Ihnen folgen. Sie haben also nur wenige Sekunden Zeit, um einen tiefen Eindruck zu hinterlassen. Es ist am besten, dies zu tun:

- Vollständiger und interessanter Lebenslauf
- Heben Sie die wichtigsten Boards an
- Exquisites Profilbild oder Logo

Starte ein Gruppenboard

Ein Gruppenboard hilft Ihnen dabei, Ihre Reichweite auf Pinterest zu vergrößern, da die Leute Ihnen auf Pinterest folgen müssen, um einen Beitrag zu leisten.

Jedes Mal, wenn jemand Ihrem Gruppenvorstand folgt, gewinnen Sie einen anderen Follower. Laden Sie andere Influencer aus Ihrer Nische ein, sich Ihrem Gruppenvorstand anzuschließen.

Neue Inhalte pinnen

Statistiken zeigen, dass etwa 80% der Pinterest Pins Repins sind. Die Leute erstellen jeden Tag neue Inhalte ... und wenn Sie diese neuen Inhalte zuerst anheften, werden die Leute dies bemerken und Sie werden als Trendsetter betrachtet.

YouTube

YouTube ist seit langem eine der größten sozialen Plattformen. Laut Statistik Brain nutzt 1.325.000.000 Menschen YouTube und sieht sich täglich 4.950.000.000 Videos an. Jeden Monat werden 3,25 Milliarden Stunden Video auf YouTube angesehen. Ist es dann überraschend, dass YouTube-Stars oft einflussreicher sind als "traditionelle" Prominente?

Natürlich bieten erfolgreiche YouTube-Influencer ihre Videos nicht kostenlos an: Sie haben festgestellt, dass es durchaus möglich ist, mit YouTube Geld zu verdienen. Meistens tun sie dies, indem sie zulassen, dass Anzeigen in oder vor ihren Videos geschaltet werden - oder indem sie das Produkt selbst in ihren Videos bewerben. Wenn du es schaffst, einer der bekanntesten und einflussreichsten auf YouTube zu sein, kannst du ein gutes Geld verdienen.

Pew Die Pie ist ein schwedischer YouTuber- und Videospielkommentator, der am besten für Let's Play-Kommentare und -Vlogs bekannt ist. Er ist ein perfektes Beispiel für eine erfolgreiche Karriere auf YouTube: Sein Kanal hat derzeit 109 Millionen Abonnenten. Er ist sehr beliebt! Anfang 2016 analysierte MoneyNation die Zahlen, um festzustellen, wie lukrativ YouTube für Pew Die Pie ist. Sein durchschnittliches Gehalt beträgt 12 Millionen US-Dollar pro Jahr und er hat seit Beginn seiner YouTube-Karriere im Jahr 2010 rund 124 Millionen US-Dollar verdient. MoneyNation hat ein Nettovermögen von 78 Millionen US-Dollar berechnet. Dies ist vielleicht nur ein Drittel von Miley Cyrus 'Vermögen, aber das ist 625-mal mehr als der durchschnittliche Amerikaner verdient!

Wie verdienen Pew Die Pie und andere erfolgreiche YouTuber Geld? Es ist definitiv nicht so, dass Sie nur ein Video auf YouTube hochladen und hoffen, dass es Millionen von Aufrufe erhält. Tatsächlich ist die eigentliche Antwort sehr langweilig - denn sie funktioniert wie jedes andere soziale Netzwerk oder jede andere Website: Um YouTube zu monetarisieren, müssen Sie qualitativ hochwertige Inhalte erstellen, die Traffic generieren.

Nur wenn Leute millionenfach auf Ihre Videos klicken und dann auch Ihre Anzeigenlinks besuchen, wird das Ganze lukrativ.

Wie Sie Hashtags richtig nutzen

Wie verwenden Influencer Hashtags und warum spielen sie in einem Netzwerk eine Schlüsselrolle?

Hashtags sind wichtig, damit Benutzer Ihre Inhalte finden können. Sie suchen nach bestimmten Daten und finden Ihre Eingabe. Die Verwendung von Hashtags ist in jedem sozialen Netzwerk unterschiedlich:

Instagram:

Sie können so viele Hashtags wie möglich verwenden (zusätzlicher Tipp: Platzieren Sie sie nicht direkt unter dem Beitrag, sondern in den Kommentaren. Es funktioniert, professioneller und ordentlicher). Instagram erlaubt derzeit 30 Hashtags. Es ist wichtig sicherzustellen, dass Sie themenspezifische Hashtags verwenden.

Viele glauben, dass es bei Instagram nur darum geht, Hashtags zu verwenden, die so beliebt wie möglich sind, weil sie eine große Reichweite haben. Dies ist jedoch falsch und Sie würden einfach in der Menge ertrinken.

Sie möchten auch Leute finden, die sich für Ihr Thema interessieren.

Facebook:

Das ist eine Frage, die sich viele stellen: Sollten Sie Hashtags auf Facebook verwenden - und wenn ja, wie viele? Tatsächlich gibt es keine offizielle Erklärung von Facebook. Untersuchungen haben jedoch gezeigt, dass Facebook-Hashtags den gegenteiligen Effekt auf die Reichweite haben. Während gezielte Hashtags in anderen sozialen Netzwerken sehr effektiv sind, ist es besser, sie auf Facebook zu vermeiden.

Twitter:

Hashtags sind erlaubt und willkommen, aber übertreiben Sie es nicht. Twitter-Nutzer mögen keine Beiträge, die nur aus Hashtags sind. Es funktioniert besser, wenn Sie in Ihrem Beitrag ein bis drei thematische, aussagekräftige Hashtags zuweisen.

Piterest:

Es ist das gleiche wie auf Instagram, aber es können nur 20 Hashtags verwendet werden. Auch hier ist es wichtig, Hashtags gut auszuwählen und an Ihre Nische anzupassen. Bonus-Tipp: Es gibt Tools wie IFTTT, mit denen Sie Instagram-Fotos automatisch für Pinterest freigeben können. Sie sind dann mit den Instagram Hashtags versehen.

Beiträge mit Mehrwert erstellen

Sie müssen ein solides Fundament haben - und das solide Fundament, das Sie haben können, ist Inhalt. Um wirklich gute und qualitativ hochwertige Inhalte zu erstellen, können Sie sich auf drei Säulen guter Inhalte konzentrieren:

1. Ihr Inhalt ist leicht zu verstehen. Wenn Sie beispielsweise eine komplexe Idee präsentieren möchten, teilen Sie sie in mehrere kleine Teile auf. Verwenden Sie niemals zu viele Fachbegriffe, die niemand versteht. Sie müssen sich immer vorstellen, dass Ihre Zielgruppe in Bezug auf Ihr Thema noch nicht so kompetent ist wie Sie, und es lohnt sich auf jeden Fall, es so einfach wie möglich zu vereinfachen.

2. Er ist hilfreich und informativ. Die meisten Menschen haben Probleme. Wenn Sie ihnen also zeigen können, wie sie diese Probleme angehen können, ist dies von Wert. Aus diesem Grund sind Anleitungen und Tutorials so beliebt.

3. Es ist optisch attraktiv. Je nach Inhaltsformat können Sie nützliche Screenshots, Texte, Videos oder Bilder entweder im Blog selbst oder auf anderen

Kanälen erstellen. Natürlich möchten Sie die Leute ermutigen, Ihre Inhalte zu teilen. Hochwertige

Miniaturansichten in Ihrem YouTube-Konto ziehen beispielsweise mehr Aufmerksamkeit auf sich und sorgen dafür, dass Ihre Inhalte häufig geteilt werden.

Auch hier ist klar, dass je besser Sie Ihr Publikum kennen, desto spezifischer können Sie Ihre Inhalte erstellen und Menschen bei der Lösung von Problemen helfen.

Ihre Geschichte

Die Leute vertrauen im Allgemeinen darauf, dass andere wissen, wovon sie sprechen. Es ist sehr hilfreich, wenn Sie ein wenig von Ihrer Geschichte erzählen. Dies bedeutet nicht, dass Sie Ihr gesamtes Privatleben vor Ihren Anhängern teilen müssen, es reicht kleine Dinge über sich selbst zu erzählen. Seit den Anfängen der Zivilisation haben die Menschen darauf vertraut, was ihre Freunde und Familienmitglieder zu sagen haben. Sie hören dann auch auf Ratschläge und teilen bereitwillig das Gelernte mit anderen. Dies ist bis heute so geblieben, aber die Art und Weise, wie wir kommunizieren, hat sich geändert - von der persönlichen oder telefonischen Kommunikation sind wir zum digitalen Informationsaustausch übergegangen.

Denken Sie an einige Dinge, die für Sie einzigartig sind. Achten Sie nicht auf Perfektion, denn Perfektion ist langweilig und sieht falsch aus. Zum Beispiel können Sie von Zeit zu Zeit über Ihr Haustier sprechen oder lustige Anekdoten über Ihre Kinder erzählen. Oder sagen Sie ihnen, dass nichts ohne Kaffee funktioniert, weil Sie ein totaler Langschläfer sind.

Influencer-Marketingkampagne

In einer Influencer-Marketing-Umfrage gaben 87% der Befragten an, dass "der größte Vorteil des Influencer-Marketings darin besteht, authentische Inhalte über ihre Marke zu erstellen". Und das ist der Hauptgrund, warum Influencer Marketing so erfolgreich ist und Ergebnisse liefern kann, von denen andere Vermarkter nur träumen können. Weil die von Influencern durchgeführten Kampagnen echt und vertrauenswürdig sind.

Zumindest sollten Sie

Sie können nicht an einer Marketingkampagne teilnehmen und erwarten, dass diese real ist und erstaunliche Ergebnisse liefert. Weil es so nicht funktioniert. Wir wissen jetzt, dass Authentizität im Influencer-Marketing extrem wichtig ist, aber es gibt noch viele Fragen, die beantwortet werden müssen.

Wie erstellen Sie eine echte und einflussreiche Kampagne? Warum ist es wichtig? Dies sind unter anderem die Fragen, die ich hier für Sie beantworten werde. Keine Marke ist 100% authentisch, oder?

Alle Unternehmen haben Ziele und jeder weiß, dass die Marke einfach mehr verkaufen will. Dies bedeutet, dass die Leute immer Zweifel an den Worten bestimmter Marken haben.

Wenn Sie mit einer Marke arbeiten, die mit Ihnen eine Kampagne erstellen möchte, die nicht echt ist, verlieren Sie (und natürlich auch das Unternehmen) das Vertrauen Ihrer Follower.

Eine erfolgreiche Partnerschaft funktioniert, wenn Sie die Produkte oder Dienstleistungen des Unternehmens von ganzem Herzen vertreten und diese gerne bekannt geben können. Dies ist auch der Grund, warum Prominente an Glaubwürdigkeit verloren haben und kleinere Mikro-Influencer an Popularität gewonnen haben.

Der Grund dafür ist, dass Prominente, die für Marken werben, in den meisten Fällen niemals die von ihnen beworbenen Produkte verwenden würden.

Gute Influencer hingegen arbeiten nur mit Marken, die sie wirklich lieben. Daher liefert diese Art der Partnerschaft die besten Ergebnisse. Weil die Leute ihnen vertrauen!

Lassen Sie sich von keinem starken Finanzvorschlag oder Versprechen dazu verleiten, für etwas zu werben, das Ihnen nicht gefällt. Ihre Anhänger werden es Ihnen danken.

Kommunikation

Fragen können Ihre Follower und Unterstützer ermutigen, sich aktiv zu beteiligen und Antworten zu geben. Aus diesem Grund ist es immer gut, Ihren Beitrag immer mit einer aktiven Frage zu beenden und eine Antwort in den Kommentaren zu hinterlassen. Auf diese Weise können Sie mit Ihrem Publikum interagieren, um es besser kennenzulernen.

Stellen Sie sicher, dass Ihre Frage kreativ ist - Sie können nicht einfach mit "Ja" oder "Nein" antworten.

Wenn Sie beispielsweise bereits ein Buch gelesen haben, können Sie fragen, ob jemand ein anderes gutes Buch zu diesem Thema empfehlen kann und wenn ja, welches gute Buch Sie empfehlen sollten.

Reagieren Sie auf Kommentare

Wenn Ihnen ein Kommentar geschrieben wird, sollten Sie auch darauf antworten. Auf diese Weise können Sie Ihren Followern zeigen, dass Sie wirklich an ihnen interessiert sind, und lesen, was sie Ihnen schreiben. Natürlich müssen Sie nicht jedes Mal antworten, aber Sie sollten einige Male pro Woche damit verbringen, Ihre Reaktion auf den Inhalt zu lesen und darauf zu reagieren.

In Kontakt mit Fans

Wenn du denkst, dass du ein Instagram-Influencer wirst, indem du einfach Fotos oder Videos postest, ohne ein Wort zu sagen, verstehst du das falsch. Nur wer Untertitel schreibt und versucht, mit Followern ins Gespräch zu kommen, hat eine echte Chance, viele Follower anzulocken. Verwenden Sie eine Bildunterschrift, um Geschichten zu erzählen oder Ihren Followern Fragen zu stellen und ihnen auf emotionaler Ebene näher zu kommen. Geben Sie ihnen einen Grund, Ihnen zu vertrauen, Ihnen zu folgen und sich mit Ihnen zu beschäftigen.

Aber vergessen Sie nicht, bei all Ihrem Engagement ehrlich und aufrichtig zu bleiben. Es ist besser, keine Geschichte zu haben als fiktiv oder falsch.

Es ist auch toll, wenn Sie sich offline treffen können. Vielleicht eine Veranstaltung oder eine Messe?

Immer auf dem neusten Stand sein

Natürlich ist es wichtig, Inhalte zu veröffentlichen, die nicht zwei Jahre alt sind und nicht mehr inhaltlich passen. Wenn es in Ihrem Fachgebiet Neuigkeiten gibt, ist es natürlich gut, wenn Sie als einer der Ersten diese an Ihre Follower weitergeben können.

Es gibt auch oft eine saisonale Gelegenheit, die Sie teilen können. Wenn z. B. wenn Sie ein einflussreicher Koch sind, können Sie natürlich zu Weihnachten andere Gerichte veröffentlichen als für den Frühling.

Veröffentlichen Sie regelmäßig neue Beiträge

Wenn Ihre Fans eine solide Struktur in Bezug auf welche Art von Inhalten erkennen und wann Sie veröffentlichen, warten sie gespannt auf neue Inhalte im Voraus und darauf, dass Sie etwas veröffentlichen.

Fast jeder berühmte Influencer hat bestimmte Veröffentlichungsdaten. Sie sprechen offen mit ihren Fans darüber. Gleichzeitig ist es eine sehr gute Gelegenheit, am Ball zu bleiben und die Fristen einzuhalten.

Wenn Sie etwas selten oder unregelmäßig posten, ist für viele Menschen zu viel Zeit dazwischen und sie kommen nie zurück, weil sie denken: "Oh, auf diesem Kanal passiert sowieso nichts." Aber wenn sie sicher wissen, dass Ihre neuen Inhalte jeden Mittwoch zu dieser hohen Zeit veröffentlicht werden, warten treue Anhänger dort darauf, was Sie heute tun werden.

Seinen Sie offen für Kritik

Die arrogante und listige Reaktion auf Kritik hat bereits unzählige einflussreiche Anhänger gekostet. Wenn Sie zum Beispiel kritisiert werden, weil Ihre Rechtschreibung nicht perfekt ist, werden Sie wahrscheinlich zuerst sehr verärgert sein und versucht sein, etwas zu beantworten, das nicht sehr nett ist. Die richtige Antwort wäre *"Danke, dass Sie mich darauf aufmerksam gemacht haben, ich arbeite daran!"*

Täglich nach neuen Themen suchen

In einigen Nischen ist es wichtiger, in anderen weniger: Als Influencer gehört es dazu, auf dem neuesten Stand zu sein. Schließlich sind Sie als Influencer Trendsetter und Pionier! Es gibt ein sehr einfaches Suchsystem für neue Inhalte:

Schreiben Sie die Blogs / Influencer auf, denen Sie folgen möchten, um frischen Inhalt zu erhalten. Dazu können Sie sich beispielsweise für ein kostenloses Feedly-Konto anmelden und RSS-Feeds aus allen Blogs sammeln. Feedly ist ein Blog und Content Reader für das Web. Dort können Sie alle Blogs und Seiten sammeln, die Sie interessieren. Und Sie werden sofort über jeden neuen Beitrag informiert.

Überprüfen Sie dann täglich Ihr Feedly-Konto. Wenn neue Inhalte angezeigt werden, die angeheftet werden können, sind Sie daher immer vorbereitet.

Erstellen Sie einen Redaktionsplan

Haben Sie bereits einen Redaktionskalender? Kleine Helfer erleichtern einem Influencer das Leben erheblich: Sie halten Sie auf dem Laufenden, geben einen Überblick über den Inhalt und bereiten Sie gründlich auf Recherche, das Schreiben und Fotografieren vor. Sie können hierfür einfach eine Excel-Tabelle verwenden, in der Sie Ihre Beiträge für jedes Netzwerk planen, z. B. einmal pro Woche.

Hier sind 7 Tipps, um einen guten Redaktionsplan zu erstellen:

1) Planen Sie Bilder, Inhalte, was Sie recherchieren müssen, wann Sie veröffentlichen möchten und auf welchem Netzwerk. Auf Instagram können Sie auch zwischen Stories und Posts unterscheiden.

2) Möchten Sie Standortinformationen verwenden?

3) Was brauchst du noch, um einen Beitrag zu erstellen? Canva? Filter? Wasserzeichen? Quellensuche?

4) Wer ist Ihre Zielgruppe für den Beitrag? Die Antwort ist nicht "alle"

5) Entscheiden Sie, wie oft Sie veröffentlichen möchten.

6) Jede Nische ist anders. Es hängt davon ab, ob ungefähr wann deine Fans und Follower online sind. Verfolgen Sie die Zeit und passen Sie sich den Gewohnheiten Ihres Publikums an.

7) Achten Sie auf die saisonalen Bedingungen und planen Sie Ihre Beiträge für eine lange Zeit vor.

Lesen Sie weiter, um Ihren Redaktionskalender in einen automatisierten Veröffentlichungsprozess umzuwandeln!

Beiträge automatisch veröffentlichen

Es gibt verschiedene Tools, mit denen Sie Ihre Beiträge planen und automatisch veröffentlichen können. Dies spart Arbeit und ermöglicht Ihnen eine bessere Planung. Dies ist besonders vorteilhaft, wenn Sie mehrere soziale Netzwerke ausgewählt haben! Hier sind zwei Beispielprogramme:

Hootsuite

Mit diesem Tool können Sie Ihre Beiträge planen und zum angegebenen Zeitpunkt automatisch veröffentlichen. Sie können damit gleichzeitig auf Facebook, Instagram, Twitter oder LinkedIn posten. Der Dienst wird von über 10 Millionen Menschen auf der ganzen Welt genutzt. Es gibt verschiedene

Versionen und Sie können es als Einzelperson oder als Unternehmer verwenden.

Im Paket "Free Account" (kostenlos) können Sie 3 soziale Profile erstellen. Das Pro and Business-Konto, das hauptsächlich für Unternehmen bestimmt ist, kostet 7,90 Euro pro Monat. Sie können den Service zunächst 30 Tage lang kostenlos testen. **Hier können Sie 50 Konten für Ihre Social-Media-Profile erstellen** und insgesamt 10 Personen mit unterschiedlichen Benutzerkonten können dort Beiträge planen.

Im ersten Schritt erstellen Sie Ihre Profile. Sie können die Registerkarte "Soziales Netzwerk hinzufügen" oben rechts im Diagramm zu sehen. Dort geben Sie Ihre Daten für das entsprechende Netzwerk ein. Sie können dann Ihre Beiträge planen und automatisch veröffentlichen oder einen Zeitpunkt festlegen, zu dem sie veröffentlicht werden sollen.

Wenn Sie sich für Hootsuite interessieren, empfehle ich diesen Blog-Beitrag, in dem alles auf sehr einfache und detaillierte Weise erklärt wird.

Buffer

Buffer ist eine benutzerfreundliche Anwendung für Anfänger und Fortgeschrittene. Wie bei Hootsuite können Sie damit Ihre Beiträge planen und automatisch veröffentlichen. Sie können bis zu 10 Konten und eine Facebook-Seite erstellen. Folgende Pakete sind derzeit verfügbar:

Buffer individual - kostenlos.

Das kostenlose Konto ist für viele Zwecke mehr als ausreichend. Es unterstützt Twitter, Facebook, Google+, LinkedIn und Instagram. In dieser Version gibt es ein Konto pro Netzwerk. Für Influencer-Zwecke ist dies normalerweise völlig ausreichend. In der kostenlosen Version gibt es bereits viele Integrationsoptionen. Der Cache bietet Browsererweiterungen. Dies macht es zum Kinderspiel, Online-Inhalte auf Social-Media-Kanälen zu verbreiten. Die iOS- und Android-Apps können kostenlos verwendet werden.

Buffer Individual (Awesome)

Dieser Plan bietet Ihnen mehr Flexibilität. Beliebige 10 Social Media Accounts sind möglich. In einem Awesome-Konto können Sie beispielsweise 5 Facebook-Seiten und 5 Twitter-Konten planen. Das Anzeigen eines Kalenders mit geplanten Beiträgen ist auch hilfreich, um Ihnen einen Überblick zu geben. Dieses Paket kostet 10 € pro Monat.

Buffer Team & Agencies (Small, Medium, Large)

Diese Bufferpläne richten sich an Teams oder Agenturen. Signifikante Unterschiede zu den günstigeren Paketen finden sich in den verwalteten sozialen Konten. Der größte Plan kann bis zu 150 Konten verwalten. Das Vergnügen kostet dann zwischen 99 und 399 € pro Monat.

Die Analysemöglichkeiten von Team & Agency sind besonders nützlich für Unternehmen, die im Auftrag von Kunden arbeiten: Der Buffer zeigt für jeden Beitrag an, wie stark er sich auf soziale Netzwerke ausgewirkt hat.

Inhalte von anderen teilen

Wir alle kennen den Satz "Sharing is caring", oder? Abgesehen von den Reimen kommt es bei dieser Mentalität, die jeder Influencer annehmen sollte, darauf an, gute Dinge mit anderen zu teilen und großzügig zu sein. Viele Menschen sind glücklich, wenn jemand etwas über sie sagt, vielleicht auch Sie. Das Teilen funktioniert in beide Richtungen: Der "Teiler" ist froh zu sehen, dass jemand von seiner Aktion profitiert, und der "Nutznießer" ist auch glücklich, weil jemand den Inhalt so gut fand, dass er ihn teilen wollte! Eine echte Win-Win-Situation!

Folgen Sie anderen und hinterlassen Sie Kommentare

Wenn Sie ein berühmter Influencer werden möchten, reicht es nicht aus, nur Ihre eigenen Inhalte zu teilen. Es geht um Interaktion, weil Sie in sozialen Medien sind. Daher ist es wichtig, anderen Menschen zu folgen und ihnen Kommentare zu hinterlassen. Sie sind nicht nur Teil einer guten Verfassung in einem sozialen Netzwerk, sondern bauen auch Ihre Follower auf, insbesondere wenn Sie Konten folgen und teilen. Sie kommentieren diejenigen, die bereits eine große Anzahl von Followern haben: Die Leute werden Ihren Kommentar sehen, ihn interessant finden und bei Ihnen vorbeischauen.

Daten auswerten - Ihren Erfolg messen

Was sind deine Tweets mit der besten Leistung? Wann haben Ihre Instagram-Posts das größte Engagement? Funktioniert Ihre Facebook-Marketingstrategie? Bringt es Ihnen Traffic und Leads?
Wenn Sie keine Analyse-Tools für soziale Medien verwenden, können Sie diese Fragen wahrscheinlich nicht beantworten.
Die meisten Influencer verstehen heutzutage die Notwendigkeit von Tools, um ihre Bemühungen zu

messen. Die Anzahl der verfügbaren Tools zur Analyse Ihrer Bemühungen ist exponentiell gestiegen. Dies liegt daran, dass Social-Media-Influencer immer beliebter werden und die Nachfrage wächst.

Irgendwann können Sie wahrscheinlich alle wichtigen Tools zur Analyse von sozialen Medien auflisten. Aber im Moment sind Sie wahrscheinlich noch am Anfang, sonst würden Sie dieses Buch wahrscheinlich nicht lesen. Daher werde ich einige Tools vorstellen, mit denen Sie Ihren Erfolg messen können.

1. Sprout Social

Mit der Social Media-Analyse von Sprout können Sie den Erfolg Ihrer Facebook-, Twitter-, Instagram-, Google+ und LinkedIn-Beiträge auf einer Plattform messen. Wenn Sie alle Ihre Analysen an einem Ort haben, ist es viel einfacher, Ihre Bemühungen zu verfolgen und zu vergleichen.

Das Tool ist jedoch nicht gerade billig: Nach einer 30-tägigen Testphase kostet es fast 100 Euro.

2. Buzzsumo

Anstatt die Social-Media-Leistung Ihrer Marke zu analysieren, untersucht Buzzsumo, wie sich der Inhalt Ihrer Website in Social Media "verhält". Wenn Sie beispielsweise sehen möchten, wie viele Freigaben

Ihres letzten Blogposts Sie auf Facebook und Twitter erhalten haben, kann Buzzsumo Ihnen diese Daten zur Verfügung stellen.

Social Media ist eine der wichtigsten Möglichkeiten, um Inhalte zu verbreiten. Daher ist es wichtig zu verstehen, was Ihr Publikum am meisten anspricht. Buzzsumo zeigt Ihnen nicht nur die Menge der freigegebenen Inhalte, sondern auch, welche Art von Inhalten für jedes Netzwerk am besten geeignet ist, basierend auf Länge, Typ, Veröffentlichungsdatum und mehr. Derzeit werden Facebook, Twitter, LinkedIn, Pinterest und Instagram unterstützt.

Auch hier muss man tief in die Tasche greifen, um das Werkzeug zu benutzen - der günstigste Preis beginnt bei 99 Euro im Monat.

3. Google Analytics

Google Analytics (GA) ist technisch gesehen kein "Social Media-Analysetool", aber eine der besten Möglichkeiten, um Social Media-Kampagnen im Auge zu behalten. Sie haben wahrscheinlich bereits eine GA-Installation auf Ihrer Website (falls vorhanden), um Ihren Datenverkehr zu überwachen und zu analysieren. Aber wussten Sie, dass Sie gezielt auf Social Media Tracking zugreifen und Berichte erstellen kannst?

Sie können beispielsweise sehen, wie viel Traffic von einzelnen sozialen Netzwerken auf Ihre Website gelangt, oder mithilfe von UTM-Parametern bestimmte Social-Media-Kampagnen verfolgen. UTM-Parameter bedeuten: Wenn ein Benutzer auf einen mit UTM-Parametern verfolgten Link klickt, wird seine Aktivität in Google Analytics aufgezeichnet. Auf diese Weise können Sie alle Klicks auf Ihre Social-Media-Konten gezielt analysieren. Auf diese Weise erfahren Sie nicht nur, wie viele Benutzer Ihre Website über welche Links besucht haben, sondern auch, ob sie beispielsweise lieber auf ein Bild oder einen Textlink im Newsletter klicken. *Google Analytics ist kostenlos.*

4. ShortStack

Haben Sie jemals einen Social-Media-Wettbewerb durchgeführt? Wenn ja, haben Sie sich die Zeit genommen, den Verlauf des Wettbewerbs zu analysieren? ShortStack ist eine soziale Anwendung, die speziell für solche Wettbewerbe entwickelt wurde und auch Leistungsanalysen bietet. Indem Sie die Leistung Ihrer Konkurrenten mit einem Tool wie ShortStack analysieren, können Sie die Interaktionen Ihrer Follower verstehen. *Derzeit sind 4 Pakete zu Preisen zwischen 29 und 499 Euro pro Monat erhältlich.*

Monetarisierung- wie können Sie finanziellen Erfolg erzielen?

Jetzt möchten Sie wahrscheinlich wissen, wie Sie als Influencer finanziell erfolgreich sein können. Im letzten Teil dieses Buches habe ich daher die besten Möglichkeiten aufgezeigt, wie Sie Ihren Einflussstatus nutzen können, um die Miete als Influencer zu bezahlen.

Führende Marken wissen beispielsweise, dass Mikro-Influencer äußerst profitabel sind und die Zusammenarbeit mit ihnen eine breitere Kundenbasis verspricht. Aus diesem Grund ist Influencer Marketing in den letzten Jahren explodiert.

Für viele hat sich ihr Influencer-Status zu einem Vollzeitjob entwickelt. Oft besteht die Tätigkeit aus verschiedenen Aktivitäten:

- Erstellung von Inhalten
- Engagement für Follower
- Fotografie
- Design
- öffentlich sprechen
- Verhandlungen mit Kooperationspartnern.

Um diesen Vollzeitjob zu erledigen, benötigen Sie natürlich Geld, das Sie sonst mit einem normalen Job verdienen würden. Beachten Sie jedoch, dass die meisten Länder Richtlinien zum Geldverdienen haben. Sobald Sie anfangen, Geschäfte zu machen, müssen Sie ein Kleinunternehmen anmelden.

So können als Social-Media-Influencer ihre Fähigkeiten, ihr Wissen und ihren Einfluss nutzen, um mit verschiedenen Einnahmequellen Geld zu verdienen:

Finden Sie Ihre Werbepartner - gesponserte Beiträge

Während Markenbotschafter in der Regel langfristige Partnerschaften eingehen, sind gesponserte Social-Media-Beiträge ein kurzfristigerer Ansatz zum Aufbau der Markenbekanntheit. Dies ist bei weitem die häufigste Art und Weise, wie Influencer Geld verdienen, insbesondere wenn sie gerade erst anfangen.

Ein gesponserter Beitrag in den sozialen Medien? Was genau? Dies wird so genannt, wenn ein Unternehmen einen Influencer beauftragt, Inhalte über seine Marke zu erstellen (es kann sich beispielsweise um eine oder mehrere Veröffentlichungen handeln) und diese dann mit seinen Followern teilt. Es gibt viele Formen von gesponserten Posts in sozialen Medien, wie zum Beispiel:

- Markeninhalte teilen,
- Entwicklung einzigartiger Bilder,
- Bewerben Sie ein neues Produkt.
- Einführung einer neuen Marke oder
- Bekanntmachung in einem neuen Zielmarkt.

Auf die gleiche Weise können Influencer ihre Blogs und Websites monetarisieren und dort Markeninhalte erstellen. Blogs sind großartig, weil sie dauerhafter und nachhaltiger sind als soziale Netzwerke und ermöglichen es Influencern, detailliertere Informationen mit ihrer Community zu teilen, als dies über soziale Medien möglich ist, z. B. detaillierte Produktbewertungen.

Beachten Sie jedoch, dass nicht alle Blog-Inhalte gesponsert werden. Ein guter Influencer bietet Abonnenten eine Mischung aus organischen (werbefreien) Inhalten und Markenkooperationen. Denken Sie immer an Authentizität. Wenn Influencer für Marken arbeiten, mit denen sie sich nicht wirklich identifizieren können, nur weil Geld auf dem Spiel steht, kann dies ihre Glaubwürdigkeit und ihre Beziehung zu ihrem Publikum ernsthaft beeinträchtigen. Gesponserte Blog-Beiträge müssen auch mit finanziellen Anreizen gut funktionieren!

Affiliate Marketing

Affiliate-Marketing ist oft etwas passiver als die meisten anderen Formen von Werbepartnerschaften. Wenn Sie als Partner arbeiten, funktioniert dies wie folgt: Affiliate-Marketing beschreibt die Zusammenarbeit zwischen zwei Partnern. Diese beiden werden als "Partner" und "Verkäufer" bezeichnet. Ein Partner ist ein Influencer. Es fungiert als Schnittstelle zwischen Käufern und potenziellen Kunden. Influencer bewirbt den Verkäufer auf seiner Website oder in sozialen Medien mit einem Link oder Banner. Wenn jemand auf den Link klickt, um das Produkt zu kaufen, erhält er eine Provision.

Affiliate-Links können veröffentlicht werden, wo immer dies zulässig ist. Influencer sollten sich jedoch mit den Regeln der Plattform vertraut machen. Verfügbare Plattformen umfassen:

- Instagram
- Facebook
- YouTube
- Twitter
- Google+

- Pinterest
- Blogs

Die Höhe der Provision ist je nach Produkt unterschiedlich. In der Regel sind Partner und Verkäufer über Partnerplattformen wie Affilinet verbunden. Dort können Sie aus unzähligen Programmen wählen.

Trinkgelder, Spenden und Geschenke

Einige Einnahmequellen sind direkter. Mit Plattformen wie Twitch und Super Chat (innerhalb von YouTube Live) können Benutzer, Künstler finanziell unterstützen. Viele Blogs haben auch Optionen integriert, mit denen Benutzer unterschiedliche Geldbeträge spenden können.

Diese Form des Einkommens ist wahrscheinlich nicht jedermanns Sache, aber für viele Fans eine echte Chance, finanzielle Unterstützung von ihren Fans zu erhalten.

Patreon und Crowdfunding

Patreon ist eine eigene Plattform, auf der Fans ihre bevorzugten Influencer mit regelmäßigen Beträgen unterstützen können. Sie sind spezialisiert auf Künstler wie Podcaster, Cartoonisten, Schriftsteller und Fotografen.

Wenn Sie sich dort registrieren, können Ihre Follower und Sponsoren Ihnen monatlich oder nur für ein bestimmtes Projekt Beiträge senden und so Ihre Arbeit unterstützen.
Unzählige Influencer und Internetunternehmer haben bereits Projekte mit Patreon umgesetzt.

Crowdfunding ist im Allgemeinen eine gute Idee, wenn Sie Startkapital benötigen und derzeit Ihr eigenes Geschäft aufbauen.

Traditionelle Werbeauftritte

Mit zunehmender Beliebtheit werden Influencer zu wertvollen Werbepartnern für Unternehmen. Sie sind attraktiv als Persönlichkeiten und Prominente, nicht "nur" als Social-Media-Accounts. Große Influencer können sogar in Fernsehwerbung oder Werbetafeln auftreten.
Wie traditionelle (und in einigen Fällen sogar noch leistungsstärkere, wenn es darum geht, ein jüngeres Publikum zu erreichen!) Können Influencer zu begehrten Werbepartnern für Unternehmen werden. Im Internet gibt es umfassende Anleitungen zum Thema, wie Unternehmen einen bestimmten Influencer für sich gewinnen können.

Individuelles Geschäftsmodell

Erfolgreiche Influencer können auch Geld verdienen, indem sie ihr eigenes Unternehmen, ihre eigenen Produkte, Anwendungen usw. gründen. Wenn Sie bereits einen eigenen Blog haben, ist dies natürlich ein Vorteil. Zum Beispiel nutzte Kayla Itsines ihr Social-Media-Fitnessimperium, um ihre Bikini Body Training Company zu gründen, schrieb mehrere E-Books und entwarf eine Fitness-App namens Sweat With Kayla.

Andere Influencer wie Tyler Oakley, Joey Graceffa und Grace Helbig schrieben ebenfalls Bücher, spielten in Filmen und TV-Shows mit und brachten Produkte auf den Markt. Besonders erfahrene weibliche Influencer nutzen ihr „soziales Kapital", das sie durch die sorgfältige Pflege loyaler Unterstützer aufgebaut haben, um andere Bereiche zu beeinflussen, denen sie nahe stehen.

Dank individueller Geschäftsmodelle haben Sie wieder einen klaren Vorteil, wenn Sie Ihre eigene Website betreiben. Ich weiß, dass ich viel auf diesen Punkt zurückkomme, aber es gibt so viele Vorteile. Sie können Ihre eigenen Produkte auf Ihrer Website viel einfacher und effizienter verkaufen als in sozialen Medien.

Nachwort

Sie haben alle Schritte durchlaufen und wahrscheinlich bereits Ihre ersten Erfolge gefeiert. Jetzt ist es wichtig, immer am Ball zu bleiben. Sie haben bereits eine Strategie und einen Plan, sollten aber immer offen für neue Ideen sein und mit der Zeit gehen. Manchmal postest du etwas, das du selbst nicht für wichtig gehalten hast - und deine Follower feiern genau diesen Beitrag. Dann mach weiter und gib ihnen mehr Inhalt, den sie mögen.

Im Laufe der Zeit werden Sie beginnen, Ihre Strategie selbst zu verfeinern um sie viele Male an die aktuellen Umstände anzupassen. Solange Sie authentisch bleiben und nicht abheben, werden Sie Ihre treuen Anhänger auf diesem Weg begleiten.

Halten Sie den Kopf hoch, wenn Sie wieder ein paar Fans verlieren. Sie können nicht allen gefallen - und das sollte überhaupt nicht Ihr Ziel sein! Sie schreiben und veröffentlichen für Ihre Zielgruppe - nicht für alle.

Ich hoffe, dieses Buch hat Ihnen einen Leitfaden geliefert, der Ihnen wirklich geholfen hat.

Wir wünschen Ihnen alles Gute für Ihre Karriere.

Impressum

Autor: Boris Jost

Verleger:

Amanda Piniecka

67251 Freinsheim , Deutschland

amandapiniecka@gmail.com

Printed in Poland
by Amazon Fulfillment
Poland Sp. z o.o., Wrocław

53724593R00042